体验奇妙的经济世界

财商教育编写中心 编

四川人民出版社

图书在版编目（CIP）数据

体验奇妙的经济世界 / 财商教育编写中心编. – 成都：四川人民出版社，2017.1
（金钥匙系列）
ISBN 978-7-220-09838-3

Ⅰ. ①体… Ⅱ. ①财… Ⅲ. ①经济学—儿童读物

Ⅳ. ①F0-49

中国版本图书馆 CIP 数据核字 (2016) 第 130490 号

TIYAN QIMIAO DE JINGJI SHIJIE

体验奇妙的经济世界

财商教育编写中心 编

责任编辑	吴焕姣
特约编辑	张 芹
封面设计	朱 红
责任校对	蓝 海
版式设计	乐阅文化
责任印制	聂 敏

出版发行	四川人民出版社 （成都槐树街 2 号）
网　址	http://www.scpph.com
E−mail	scrmcbs@sina.com
新浪微博	@ 四川人民出版社
微信公众号	四川人民出版社
发行部业务电话	（028）86259624　86259453
防盗版举报电话	（028）86259624
照　排	北京乐阅文化有限责任公司
印　刷	三河市三佳印刷装订有限公司
成品尺寸	190mm×247mm
印　张	9
字　数	150千字
版　次	2017 年 1 月第 1 版
印　次	2017 年 1 月第 1 次印刷
书　号	ISBN 978-7-220-09838-3
定　价	39.80 元

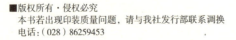

前　言

　　财商是"财富智商"（Financial Quotient，简写为FQ）的简称，简单一点说是一个人与金钱打交道的能力，是一个人处理个人经济生活的能力；复杂一点说是一个人认识财富（资源）、管理财富（资源）、创造财富（资源）和分享财富（资源）的能力。这种能力主要体现在一个人的习惯(Behavior）、动机（Motivation）、方法（Ways）三个方面。

　　财商与智商、情商并列为现代人不可或缺的三大素质，与我们的日常生活息息相关。当每个人都无法逃避地要进行经济活动时，了解财商智慧、提高财商能力就是完善自我、增强幸福感的重要途径。

　　为什么这么说呢？因为财商教育的根本目的是把人们培养成为理性、智慧的"经济人"，简单地说就是实现个人的财富自由。通往"财富自由"的道路分为三个阶段。第一阶段：不论你有多少财富，你都处在不断挣钱、不断消费的境况中，这个时候你只是财富的奴隶；第二阶段：即使你只有10元钱，但这10元钱在为你工作，而不是你在为它工作，这时你是财富的主人；第三阶段：你和财富间形成了伙伴关系，能够在平等对话的基础上，互相帮助、共同成长，这就是"财富自由"。"财富自由"是一个人实现高品质的社会生活的重要保障，也是实现圆满、和谐、幸福的精神生活的坚实基础。

　　"金钥匙"财商教育系列正是基于这一理念而精心编撰的财商启蒙和学习读本，由"富爸爸"品牌策划人、出品人汤小明先生组织财商教育编写中心倾力打造。书中以充满智慧的富爸爸、爱思考的阿宝、爱美的美妞、调皮好动的皮喽等卡通形象为主人

公，结合国内外财商教育的丰富经验，将知识性、趣味性、实践性融为一体，让孩子们在一册书中能够在观念、知识、实践三个层面得到锻炼。

"金钥匙"财商教育系列分为"儿童财商系列"和"青少年财商系列"，分别适应7~10岁的少年儿童和11~14岁的青少年学习，"儿童财商系列"通过丰富的实践活动以及生动有趣的游戏、儿歌、故事版块，侧重培养小朋友的财商意识、良好的理财习惯以及正确的财富观念。"青少年财商系列"在此基础上，旨在培养青少年较为深入地认识一些经济规律，熟悉市场运作的基本原理，逐步把财商智慧应用到创新、创业的生活理念之中。

作为国内财商教育的先驱者和尝试者，本系列丛书在编写过程中得到众多德高望重的教育学、经济学等领域专家的指导和帮助，在此向他们致以诚挚的谢意。希望本系列丛书顺利出版后能够为中国少年儿童和青少年的财商启蒙和教育增添一份力量。

财商教育编写中心
2015年11月

主 要 人 物 介 绍

美妞
性别：女
性格：活泼、爱臭美、
　　　爱出风头
喜爱的食物：骨头、肉
喜欢的颜色：粉色

咕一郎
性别：男
性格：内向、聪明
　　　好学
喜爱的食物：谷子
喜欢的颜色：绿色

皮喽
性别：男
性格：活泼、反应
　　　快、粗心
喜爱的食物：桃子、
　　　　　　香蕉
喜欢的颜色：黄色

阿宝
性别：男
性格：稳重、爱思考
喜爱的食物：竹子、苹
　　　　　　果、梨
喜欢的颜色：蓝色

富爸爸
性别：男
会出现在各种不同
场合，教给小朋友
们不同的财商知
识。

Contents
目 录

一、用财商来选择

时间过得真快呀！转眼间大家的个子都长高了很多，小朋友也学到了很多财商知识。今天是阿宝同学的11岁生日，富爸爸特意买了一个生日蛋糕，请四个小朋友一起分享美味的蛋糕。大家看着香甜可口的蛋糕，口水都快流出来了。每个人都想吃到最大的那一块蛋糕。

可爱的美妞说："要是能有无限大的蛋糕该多

好啊，这样我们就能一次吃个够。"

富爸爸笑笑说："孩子们，我们的蛋糕是有限的，正如同我们身边的资源。"

大家说说看，怎样才能让更多的人分享到阿宝的生日蛋糕呢？

接受财商教育，不但让我们在分蛋糕资源的过程中懂得如何更理性、更明白地切分蛋糕，而且还让我们每个人的收益最大化，同时还能使更多的人一起分享快乐。

在蛋糕（资源）有限的条件下，如何才能让每个人分到更大的蛋糕（利益最大化）？

富爸爸："今天，我们把蛋糕作为大家的午餐，你们说它是免费的吗？"

皮喽："天下没有免费的午餐！"

富爸爸："为了得到某件喜欢的东西，我们通常不得不放弃另一件我们所喜爱的东西。我们所面临的权衡与取舍本身并没有告诉我们将会或应该做出怎样的决策。然而，认识到生活中所面临的这些权衡与取舍非常重要，因为人们只有了解自己所面临的选择，才能做出良好的决策。做决策就是要求我们在一个目标与另一个目标之间进行权衡和取舍，最终做出一个理性的选择。"

阿宝："既然我们选择了聚在一起吃蛋糕，就不得不放弃回家和父母一起吃午饭。"

美妞、皮喽和咕一郎异口同声地说道："今天大家聚在一起为阿宝庆祝生日，我们感到十分高兴！"

富爸爸："亲爱的孩子们，你们能够通过思考做出选择，并且对自己所选择的结果感到快乐，这是高财商的表现。"

你知道父母是如何分配家庭总收入的吗？请在下面的"饼图"中画出来。

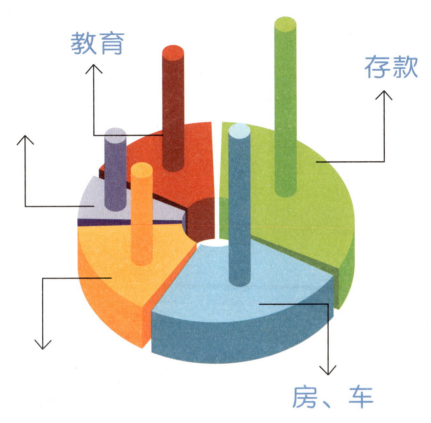

教育

存款

房、车

为什么父母把家庭总收入用于某项支出较多时，意味着家庭总收入中用于其他方面的开支就要少一些？

　　在现实生活中，人们经常面临各种权衡与取舍。我们可以看看历史上慈禧太后在面对颐和园的重建与制造战舰之间所作出的取舍。

　　慈禧对皇家园林有一种特殊的情结。独揽政权以后的慈禧不惜在清朝内忧外患、国库空虚之际挪用巨额军费重建颐和园。其所花白银高达五六百万两，这笔费用足够制造三艘战舰。因此她的这一行为也被认为是北洋舰队在中日甲午战争中惨败的原因之一。

从这个故事中，你得到了哪些启发？

1. 在当今社会中，我们如何在保护环境和促进经济发展之间进行权衡与取舍？同学们可以查找相关资料，谈一谈自己的看法。

2. 请举例说明你在日常生活中遇到的需要进行权衡与取舍的事情。

二、最宝贵的资源

　　学习了财商课之后，美妞、阿宝、皮喽和咕一郎越来越喜欢思考问题了。

　　皮喽："你们知道世界上最宝贵的东西是什么吗？"

　　这时，咕一郎双手抱着一个篮球跑了过来，回

答道："我认为这就是世界上最宝贵的东西，它价值3000元呢！"

几个小朋友都瞪大了眼睛，吃惊地看着咕一郎手中的篮球。

咕一郎解释说："这可是我最喜欢的篮球明星姚明在2009年NBA比赛中完成他最精彩的扣篮动作时所使用的篮球。"然后咕一郎又指着篮球上的字迹说："看！这还有他的亲笔签名呢！"

富爸爸："一个普通的篮球变成了价值3000元的'宝贝'，其中的原因就在于它的'稀缺性'。'稀缺性'是与人们需求的数量比东西本身的数量多很多的意思。如果你们注意观察就会发现，无论是我们的身边还是社会生活中，许多资源都是有限的，这就导致了资源的稀缺性。世界上虽然有无数个篮球，但著名的篮球明星姚明在2009年NBA比赛中使用的篮球却只有一个。只要是球迷，谁都想得到这个篮球。一旦这样的东西只有一个，想买的人却是数以万计时，那么这个东西的价格就会飙升。"

美妞指着自己手中的《艺术鉴赏》杂志中的一条新闻说道："这幅画应该算是世界上最贵的东西啦！这幅画名为《加歇医生的肖像》，它是已故的世界知名画家凡·高的作品。拍卖行在对这幅画进行拍卖时，卖出了历史最高价——8250万美元。"

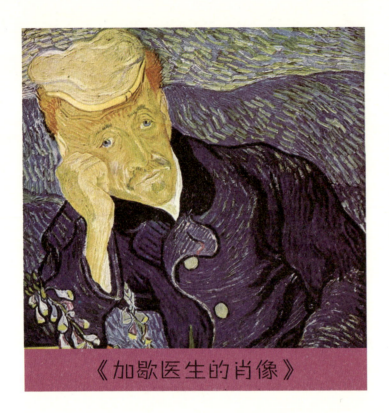

《加歇医生的肖像》

阿宝分析说："很多人都想得到凡·高的这幅画，但是它只有一幅。所以，它的售价就成了天价。之所以这样，是因为它的'稀缺性'！"

对于身为学生的同学们来说，我们身边最宝贵的资源又是什么呢？

你们发现了吗？对于一个正在求学的学生来说，最宝贵的资源往往就是时间。作为一个高财商的人，你必须学会如何配置这一宝贵资源——时间。

美妞既可以把自己所有的课余时间都用来画画，又可以把这些时间用于写小说，还可以把这些时间在这两个爱好之间进行合理分配。她用于完成这两个爱好的每一分、每一秒都是有限的，她只能将这些有限的时间用于其中的一个爱好上。所以，如何合理运用资源至关重要。在分配其他资源时候，我们通常也要面临选择。

我常常遇到这样的问题：我特别喜欢画画和写小说，可是放学后的时间是有限的，有时我为了完成一幅画需要从晚饭后画到上床睡觉，这样我就没有时间写小说了。

听你这样一说，我也想起来了：我把大部分的课外时间用在了打篮球上，常常忘记做家庭作业。因此，我经常被老师批评。

写一写

听完了美妞和皮喽关于"时间不够用"的困惑，运用你的财商智慧，为自己制订一个合理的时间规划表吧！

时　间	活动内容
7:00	
8:00	
9:00	
10:00	
11:00	
12:00	
……	

爱迪生珍惜时间的故事

爱迪生一生只上过3个月的小学。他的知识和学问是通过母亲的教导和自学完成的。他的成功，离不开母亲对他耐心的教导和自己的辛勤努力。正因为如此，这才使原来被人认为是低能儿的爱迪生，长大后成为举世闻名的"发明大王"。

爱迪生从小就对很多事物充满了强烈的好奇心，而且他还喜欢对这些疑问亲自去试验一下，直到弄明白了其中的道理为止。长大以后，他根据自己的这一特点，全心全意地进行研究和发明工作。他在新泽西州建立了一间实验室，一生发明了电灯、电报机、留声机、电影机、磁力析矿机、压碎机等总计两千余种物品。爱迪生这种探寻真理的发明精神使他对改进人类的生活方式做出了重大的贡献。

"浪费，最大的浪费莫过于浪费时间了。"爱迪生经常对助手说，"人生太短暂了，要多想办法，用极少的时间办更多的事情。"

一天，在实验室工作的爱迪生递给助手一个没上灯口的空玻璃灯泡："你量一量这个灯泡的容积。"说完，他又埋头继续自己的工作。

过了好久，他问助手："灯泡的容积是多少？"

他没听到助手回答，转头一看，发现助手正拿着一个软尺测量灯泡的周长、角度，并用测得的数字伏在桌上进行数学计算。

　　他大声喊道："时间，时间，怎么能浪费那么多的时间呢？"爱迪生走过来，拿起那个空灯泡，向里面斟满了水，交给助手，同时说道："把里面的水倒在量杯里，马上告诉我它的容积。"

　　助手立刻读出了量杯上的数字。

　　爱迪生说："这是一个多么简单的测量方法啊，既准确，又节省时间，你怎么就不多动动脑子呢？还去测量，计算，岂不是白白地浪费时间吗？"

　　助手的脸顿时通红。

　　爱迪生喃喃地说："人生太短暂了，太短暂了，要节省时间，多做事情啊！"

时间与生命

时间就是生命，时间就是金钱。你热爱生命吗？那就别浪费时间，因为时间是构成生命的材料。

——本杰明·富兰克林

FQ笔记

回家向父母请教他们在工作或者生活中是如何合理安排时间的。

三、你是理性人吗？

阿宝："我的偶像是沃伦·巴菲特。面对股市，他总能沉着应对，选择并投资最稳健的股票，最终获得收益。他的名言是'在别人贪婪的时候恐惧，在别人恐惧的时候贪婪'。他对自己的目标深信不疑，从不轻易改变。他运用财商智慧将自己的财富像滚雪球一样，越滚越大。"

皮喽："我的偶像是比尔·盖茨。他简直是一个计算机天才！他从13岁就开始编程，上大学时他还告诉老师自己要在30岁的时候成为百万富翁。在树立这一远大目标之后，比尔·盖茨就利用自己对计算机的浓厚兴趣和独特的眼光准确地预见

到了IT行业的未来。最终，他在31岁的时候成为亿万富翁，39岁便荣登世界首富的宝座。"

美妞："我的偶像是史蒂夫·乔布斯。他凭借敏锐的触觉和过人的智慧，勇于变革，不断创新，引领全球资讯科技和电子产品的潮流，把电脑和电子产品变得简约化、平民化，让曾经昂贵、稀缺的电子产品变为现代人生活中不可缺少的一部分。最终，他实现了改变世界的梦想！"

同学们，你们发现沃伦·巴菲特、比尔·盖茨和史蒂夫·乔布斯三个人身上都有哪些共同点吗？

他们除了为世界创造了巨大的财富之外，还都是系统而有目的地努力实现自己目标的人。他们被称作"理性人"。

西方经济学中假设的"理性人"，就是指能够合理利用自己的有限资源为自己取得最大的效用、利润或社会效益的个人、企业、社会团体和政府机构。

FQ动动脑

在一个风雨交加的深夜，你独自开着跑车行驶在茫茫夜色中。突然，前方的站牌下有三个焦急等待搭车的人站在路边：第一位是身患急症的老奶

奶，如果不马上去医院，她就会有生命危险；第二位是一个医生，他曾是你的救命恩人，你一直在找机会向他报恩；第三位是一个你一直想和他成为好朋友的人。

问题是，你驾驶的跑车只有司机和副驾驶两个座位，请你运用财商智慧，思考一下上车的人选。

有趣的填塘游戏

唐朝时，长安城里有一个名叫窦义的人，他拥有很高的财商。有一天，窦义到城东办事，途中路过一片满是臭水的洼地。他想：这个地方是没人要的臭水塘，地价肯定便宜，我可以低价买下来在此盖房开店。于是，他立马买下了这块洼地。朋友们听说此事后，纷纷前来劝告他："别犯傻了！这地方臭气熏天，怎么能盖房子开店呢？""光是把它填平，也得花去不少钱呢！""你这财商也太低了。"其实，关于如何填平水塘盖房，窦义心里早就想好了一个主意。

几天以后，长安城里的孩子们都在口口相传这样一条消息：城东的臭水塘那儿要举办一次投石游戏比赛，参加者还有机会得到免费煎饼呢！于是，这条消息就像长了翅膀似的，一传十，十传百，孩子们成群结伴地向臭水塘的方向涌去。

原来还真有这样的好事，只见洼地的岸边摆着一个煎饼摊，师傅正忙着制作煎饼呢！再往水塘一看，其正中央插着几面小彩旗。不管是谁，只要能用小石块或碎砖头击中水塘中的彩旗，就可以免费得到一张煎饼。

　　这么有趣的游戏，自然吸引了大群的孩子。臭水塘周围可用来投掷的石头、土块很快就被参加游戏比赛的孩子们捡光了。于是，他们就从别的地方用袋子装了好多石块，不断地运往这里，然后再往水塘里投……

这就是窦义设计的"填塘游戏"。没用几天的工夫，这片臭水塘就被填平了。而窦义只花了很少的买煎饼的钱就完成了臭水塘的改造工程。

几个月后，这里出现了一排整齐的瓦房。窦义在这里开起了茶馆、客栈。在这些店铺开张以后，他的生意因为之前的"投石游戏"变得十分红火。

富爸爸告诉你

选定目标以后，我们应当充分运用自己的财商智慧，轻而易举地解决自己遇到的难题。一个理性的人能够合理利用自己有限的资源获取最大的效益。

任何一个家庭每月的家庭收入都是有限的。那么，你观察过父母是如何支配家庭收入的吗？你可以与父母一起对家庭收入做一个系统的规划，让这部分钱花得更明白、更理性。（大家可以根据自己家的具体状况将饼图中的项目及其比例进行调整。）

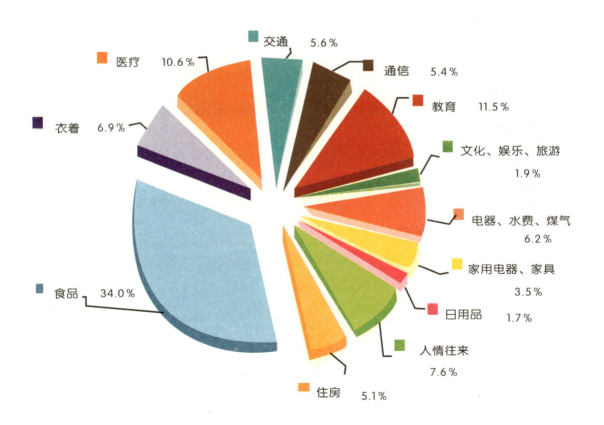

交通 5.6 %
医疗 10.6 %
通信 5.4 %
教育 11.5 %
文化、娱乐、旅游 1.9 %
衣着 6.9 %
电器、水费、煤气 6.2 %
家用电器、家具 3.5 %
食品 34.0 %
日用品 1.7 %
人情往来 7.6 %
住房 5.1 %

四、皮喽买鞋记（一）

皮喽："我的球鞋坏了，脚指头都露出来了，怎么办呢？"

咕一郎："让我来帮你检查一下吧！经过我的仔细观察，你的鞋子破损得太严重了，它已经完全失去了修补的价值。"

美妞："太好了，让我们陪你再去买一双新球鞋吧！我喜欢购物，因为它让我感到快乐！看，我脚上这双红色鞋子就是我刚买的新鞋。"

阿宝："买一双新球鞋需要多少钱啊？"

咕一郎："我登录购物网站帮你们查询一下……你们看，网店出售的球鞋价格高低不等。"

美妞："不管高低，它们的价格都比我这双红色布鞋贵多了。"

阿宝："为什么球鞋会比布鞋贵好多呢？"

富爸爸："孩子们，关于球鞋比布鞋贵的原因，我们可以从'成本'这里找到答案。"

几个小朋友都瞪大了眼睛，惊讶地说道："成本？！"

　　成本属于商品经济的价值范畴，它是商品价值的组成部分。人们进行生产经营活动或达到一定的目的，就必须耗费一定的资源（人力、物力和财力），其所耗费资源的货币表现及其对象被我们称为"成本"。

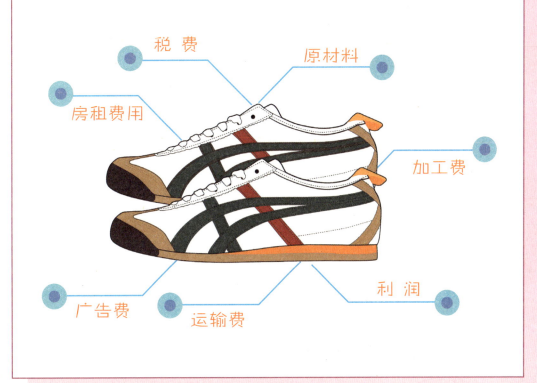

税　费

原材料

房租费用

加工费

广告费

运输费

利　润

FQ动动脑

说一说

从下面的图片中任意选择一件商品：

1. 分析它的成本有哪些？
2. 估测所选商品的价格。

| 一本书 | 一瓶矿泉水 | 一件T恤衫 |

FQ超链接

阿宝奶奶家的大白菜

周末，阿宝去乡下的奶奶家做客。他发现奶

28

奶家后院有一大片绿油油的菜地。阿宝兴奋地说："这么多的绿色蔬菜啊！如果把它们拿去菜市场出售，应该可以换来很多钱吧！"

此时正要去集市出售大白菜的爷爷对阿宝说："是呀，咱家种的这大白菜可是纯天然、绿色无污染的。"阿宝听完爷爷的话，晚餐的时候特意吃了很多绿色蔬菜。

周一阿宝回到住在城里的父母身边。这时，阿宝又想起了在奶奶家吃到的美味的蔬菜。但是妈妈说冰箱中的蔬菜都吃完了。于是，阿宝赶紧和妈妈一起去超市采购绿色蔬菜。一到超市，阿宝一眼就看到了蔬菜摊位前的广告牌子上写着"无污染，纯绿色"的宣传语。阿

宝指着广告牌下的白菜对妈妈说："这些白菜和奶奶家的'绿色'白菜一模一样。"可是再一看标签，阿宝发现在奶奶家免费吃到的白菜，在这个超市竟然卖5元一棵。阿宝想到奶奶家的菜地里有那么多整齐"站立"的"5元"，不禁感叹道："奶奶拥有一堆绿色的'金矿'啊！"

可是阿宝不禁有些疑问：这5元的价格是怎么来的呢？它都包括哪些成本呢？带着这个疑问，阿宝开始回忆财商笔记本中关于"成本"的内容。

他看着在超市里打上标签并且被塑封的5元大白菜，终于明白了：这5元的价格里面除了包括白菜本身的种植成本外，还含有包装费，从菜地到超市的运输费，超市员工的工资，菜农的收益，超市的利润、租房费用、税金，以及超市为这棵大白菜进行广告宣传的费用。

超市中每一棵白菜的成本可真多啊！

FQ笔记

利用课余时间采购食材，学做一道简单的饭菜，并计算一下这道菜的成本。

五、皮喽买鞋记（二）

皮喽："我应该去哪里买双新球鞋呢？"

阿宝："我建议你去批发市场买。那里的商品特别便宜，你可以省下很多钱。"

美妞："我建议你去市中心新开业的高级商场购买。那里不仅有优雅的音乐、气派的装修，你还可以享受轻松宜人的购物环境。"

咕一郎："我们应该用财商智慧来判断一下，在决定去哪儿购买之前还是先做一个小调查吧。"

一周后……

FQ小调查	
购物商场	
球鞋产地	
球鞋款式	
球鞋价格	

皮喽："我有一个重大发现，同样一双球鞋（甚至鞋子的款式和颜色完全相同）在批发市场只卖80元，而在市中心的高级商场里它的售价竟然高达400元。"

美妞："可是你看在市中心的高级商场购物的顾客，他们听着优雅的音乐，享受着宜人的购物环境，心甘情愿地把一双双贵了5倍的鞋子买回家，一点怨言也没有。难道这些人都没有财商吗？"

富爸爸："在这个问题上，我们需要注意这双鞋的'机会成本'！"

机会成本是指为了得到某种东西而要放弃另一些东西所获得的最大价值。对商业公司来说，它们在利用一定的时间或资源生产某种商品时，其失去的利用这些资源生产其他最佳替代品的机会就被称为"机会成本"。

在日常生活中，有些机会成本可以用货币来衡量，例如农民在获得一定面积的土地时，如果选择养猪就不能选择养鸡，养猪的机会成本就是农民放弃养鸡所带来的那部分收益。但是，有些机会成本往往无法用货币衡量，例如选择在图书馆看书学习而放弃享受在家看电视剧带来的快乐这一机会成本。

综合考虑批发市场和高级商场两者所处的地理位置、购物环境以及售后服务以后，你会明白：天下没有免费的午餐，也没有免费的舒适和方便，一切都要付出与之相对应的机会成本。

看来我们有时候不得不在得与失之间进行选择。

如何选择才算有财商呢？

训练一下我们的思维能力吧！去位置较为偏远的批发市场买鞋，我得到了比较低的价格，却失去了优雅的购物环境和宝贵的时间。

去市中心的高级商场买鞋，皮喽得到了宝贵的时间和优雅的购物环境，却失去了一部分金钱。

去批发市场买鞋还是去高级商场买鞋，无论皮喽选择了哪一个，都要放弃另外一个，被放弃的一方就是皮喽的机会成本。

FQ动动脑

练一练

找找它们的成本在哪里?

1. 免费领取的音乐会门票。

2. 爸爸是一名成功的投资人士,年薪20万元。

3. 我在上财商课。

FQ超链接

上大学的成本

我们上大学主要有哪些成本构成呢?很多人理所当然地认为,上大学的成本主要包括学费、餐费和住宿费等。然而,这样的回答并不完全正确。因为即使不上大学,你仍然要为自己的衣食住行支付一定数量的金钱。而事实上,大学里的餐费和住宿费相对来说比较便宜。在这种情况下,在衣食住行等方面开支的节省反而成为你上大学所获得的收益了。因此，我们在上大学所支付的多种费用中，最主要的成本是学费。

那么，如果一个学生因为享受某种特殊政策而免收学费，是不是说他上大学就没有成本支出了呢？

比如那些到了上大学年龄的运动员，如果他们退学，转而从事职业运动就能赚几百万元。因为他们深深认识到自己上大学的机会成本极高。所以，在这些运动员看来：不值得牺牲这种成本来获取上大学所带来的利益。

说到这，我们可以再看以看比尔·盖茨辍学的原因。对他而言，上大学的成本很高，如果继续上大学而放弃创业，他将失去上亿美元的收入，甚至失去继续深造的机会。

明白了"机会成本"的内涵，我们就不难理解运动员和比尔·盖茨为什么暂时放弃读大学这一机会。

FQ笔记

一个企业家和一个农民外出旅行，两人可选择乘坐的交通工具有飞机和汽车两种。

从A地到B地，坐飞机的机票价格是1000元，飞行时间是2小时。

从A地到B地，坐汽车的车票价格是400元，乘车时间是8小时。

企业家的时间成本是200元/小时，农民的时间成本是20元/小时。

请问，两人选择乘坐哪种交通工具比较合适？

六、多吃一个香蕉的后果

皮喽："我今天发现了一个很奇怪的现象。周末我帮爸爸、妈妈干了一整天的家务活，又累又饿。晚饭的时候，我一口气吃了10根香蕉。当我吃到第11根的时候，我的肚子才饱了。早知道这样，我就只吃最后这一根香蕉就可以了。"

阿宝："只吃第11根香蕉就能吃饱吗？我也觉得这是一个很奇怪的现象。我们快去问问富爸爸，这到底是怎么

一回事吧！"

富爸爸："你们注意观察生活中与经济有关的现象，这样做很好。在我们之前讲到的理性人看来，生活中的许多决策很少是在黑与白之间进行选择的，而往往是介于两者之间。酒足饭饱以后，你面临的决策不是在吃快餐或者吃猪排之间进行的选择，而是是否再多喝一杯饮料；当考试临近时，你的决策不是在放弃考试和一天学习24小时之间进行选择，而是是否多花1小时的时间复习功课或者是看一会儿电视让自己放松一下。"

咕一郎："是啊，在我们所看到的黑色和白色之间，往往还有一个灰色。"

皮喽："无论我选择吃哪一种快餐，当我吃饱了的时候就什么也不想吃了，喝点饮料倒可以接受。"

美妞："当然不能放弃考试，可是我也不想学习24小时。最终我会在多花1小时看书或看电视之间做一个理性的选择。"

阿宝："我们原来怎么没注意到这些'边缘选择'呢？"

经济学家用"边际变动"这个术语来描述对现有行动计划进行的微小增量调整。"边际"指的就是"边缘"，因此，边际变动是围绕你所做的事的边缘调整。理性人通常通过比较"边际收益"与"边际成本"来做出决策。

在许多情况下，人们可以通过考虑边际收益和边际成本来做出最优决策。如果有一位朋友请教你，他是否需要再多读几年书，你用一个拥有博士学位的人的生活方式与质量和一个没有上完小学的人的生活方式与质量进行比较，那么，这种分析是没有可比性的。因为这两种人所受的教育年数相差太大，而你的朋友只是在决定是否应该再多上一两年学。那么，我们应该如何分析才比较合理呢？

单纯从经济学的角度来分析的话，为了做出某种决策，只需要清楚多上一两年学所带来的额外收益和所花费的额外成本就可以了。通过边际收益与边际成本的比较，他就可以得出多上一两年学是否值得的最终结论。换句话说，当多上一两年学所带来的边际收益比边际成本多的时候，你的朋友则应该继续上学。当然，在现实生活中，我们还应该考虑其他因素，比如家庭及今后的人生规划等。

FQ动动脑

想一想

　　在日常生活中，我们还能找到哪些"边际成本变动对价格产生影响"的例子？

_____

_____

_____

_____

_____

_____

_____

_____

_____

_____

_____

_____

带翅膀的边际成本

　　美国民用航空局前局长卡恩曾将飞机比作"带翅膀的边际成本"，在每班航班成本固定的前提下，客座率的提升将大幅提高班次盈利能力，即边际成本递减导致单位边际收益的提高。

　　既然这样，一个航空公司决定对"起飞前的空位"

收取多少费用才算是合理呢？

　　假设一架飞机有200个座位，它从北京到广州每飞行一次，每次航班的总成本是40万元人民币。在这种情况下，每个座位的平均成本是40万元人民币除以200个座位，即：

　　400000（元）÷200（人）=2000元/人

　　通过计算，马上就会有人得出结论：航空公司出售的票价不应该低于2000元/人。但实际上，航空公司可以通过考虑边际成本而增加利润。

　　设想一架飞机即将起飞时仍有10个空位，而在售票厅有乘客愿意支付1500元/张购买剩余机票。航空公司应该把剩余机票卖给这些乘客吗？

　　当然应该！如果飞机有空位，多增加一位乘客的成本是微乎其微的。虽然每位乘客飞行的平均成

本是2000元，但边际成本仅仅是这位临时购票的乘客在航行过程中免费消费的飞机餐的成本而已。只要愿意购买"起飞前空座机票"的乘客所支付的价格高于此次航班的边际成本，航空公司就是有利可图的。

FQ笔记

跟家长或者同学一起从日常生活中寻找有关"边际成本"的小案例。

_____

_____

_____

_____

_____

_____

_____

_____

七、免费中的学问

美妞："现在的饭店可真大方，只要顾客在店里就餐就可以得到免费赠送的饮料。"

皮喽："你去的是哪家饭店啊？下次我也让妈妈带我去那吃饭。"

咕一郎："阿宝，这件事你怎么看？"

阿宝："这其中必有蹊跷，我们快去问问富爸爸吧。"

富爸爸："一个人对任何一种物品的支付愿望都基于其边际收益，即物品产生的额外利益。"

皮喽："这家饭店举办的这个免费赠送饮料的活动一定吸引了好多客人去店里就餐。饭店的生意肯定很红火，最后它所赚到的钱也会相应增加。"

阿宝："是的，虽然饭店没有从这瓶免费饮料中赚到一分钱，但是它从其他方面赚取的额外收入远远高于这瓶饮料的价格。"

咕一郎："难道说，其他饭菜的价格中已经包含了这些免费赠送的饮料的成本？"

美妞："饭店的老板可真有财商呀！"

当一种行为的边际收益大于其边际成本时，一个有财商的理性人才会采取这种行为。利用"边际逻辑"思考问题的方式可以训练我们的财商。运用你的财商智慧体会身边的经济学会让你看到更奇妙的世界和更精彩的生活。

FQ动动脑

说一说

1. 为什么很多化妆品会推出免费试用装呢？

_____

_____

_____

_____

_____

2. 为什么在很多餐厅顾客可以免费使用无线网络？

_____

_____

_____

_____

_____

物以稀为贵

"钻石与水的悖论"首次由亚当·斯密在他的著作《国富论》中提出：没什么东西比水更有用，能用它交换的货物却非常有限，但我们用很少的东西就可以换到水；相反，钻石没有什么用处，但人们却可以用它换取大量的货品。

亚当·斯密把这个理论称作"价值悖论"。此理论在中国台湾省教科书中常被称作"钻石与水的矛盾"，即中国俗谚中的"物以稀为贵"。

为什么被我们称作"生命之源"的水这么便宜，而仅仅属于饰品的钻石却如此昂贵呢？我们都知道，人类需要不断地补充水来维持机体的正常运行，而钻石在人们的日常生活中并不是不可或缺的，它既不能吃，也不能喝。但由于某种原因，人

VS

们愿意为购买钻石支付高额的费用，这一费用远远超出普通的一杯水的价格，原因就在于一个人对任何一种物品的支付愿望都基于其边际收益。

　　尽管水是不可缺少的，但增加一杯水的边际收益微不足道，因为水太多了。与此相反，任何人都不需要用钻石来维持生存，但由于钻石的存量太少，人们认为增加一单位钻石的边际收益很大。

　　想一想：为什么超市有时候会出现"买一赠一"的优惠活动？

_____

_____

_____

_____

_____

_____

八、动力源

美妞："看！我在学校青少年绘画比赛中获得第一名。"

皮喽："这算不上什么新鲜事吧，每年不都是你得第一名吗？我都习以为常了。"

咕一郎："美妞真厉害，我们

应该祝贺她，希望她继续努力，争取拿到全国青少年绘画比赛的第一名。"

皮喽："这有什么可炫耀的，我还是学校运动会跳高比赛的第一名呢！"

阿宝："为什么美妞可以连续好几年都在绘画比赛中取得第一名，而皮喽也可以在跳高比赛中成为冠军呢？"

富爸爸告诉你

这其中蕴含着一个特殊的经济学名词——激励。激励可以成为引发我们做某事的动机。

对于任何一个组织来说，所谓的激励就是组织通过设计适当的外部奖酬形式和工作环境，以一定的行为规范和惩罚性措施借助信息沟通来激发、引导、保持和归化组织成员的行为，以有效地实现组织及其成员个人目标的系统活动。

根据划分的角度不同，激励可以分为多种类型：从激励的内容角度可以分为物质激励和精神激励，从激励的作用角度可分为正激励和负激励，从激励的对象可分为他人激励和自我激励，从激励产生的原因可以分为内部激励和外部激励。

　　我们先来看看内部激励。内部激励是通过满足每个人的需要而使之努力工作，从而实现目标的过程。

美妞是为了满足每年获奖时那份荣耀和成就感每天不停地练习画画，最后实现了蝉联校绘画大赛第一的梦想。

原来皮喽是为了满足自己迎着掌声登台领奖的快乐而每天刻苦练习跳高技能的啊。

除了这些，他们肯定还有其他动机。

是的，把美丽的事物用绘画的形式记录下来让我感到很快乐，当然可以获奖更能让我把这快乐放大。

在跳跃的过程中我能体验到飞翔的感觉。

你们分析得很好。通过激励，可以挖掘人的潜能，调动人的积极性和创造性，并且吸引更多的人为实现个人或集体目标而不断提高工作成效，使符合团体目标的行为得到强化。

通过绘画比赛，美妞画画的水平果然一年比一年高了。

皮喽的跳高成绩也是年年攀升呢！他现在的跳高水平都打破学校纪录了！

FQ动动脑

写一写

把以下事件中存在的激励元素写在事件下面的横线上。

1. 班级中的同学每做一件好事，他（她）的小红花榜上就会贴上一朵小红花。

_____

_____

2. 每帮邻居家的小狗洗一次澡，邻居叔叔都会给我5元钱。

_____

_____

3. 妈妈答应我：只要我在演讲比赛中获得第一名，她就带我去迪士尼乐园游玩。

_____

_____

4. 和被别人批评相比较，我更喜欢别人表扬我。

_____

_____

"老船长"火锅店

位于城中心的美食街上开了很多家火锅店。可是年代最久、客人最多的是一家名为"老船长"的火锅店。"老船长"火锅店的老板在年轻的时候曾经是一位著名的船长，他在退伍之后开了这家火锅店。

曾经有人问他："为什么你的火锅店可以在这条街上长盛不衰呢？"

老船长提及他的经营之道时说："我经营的原则就是，和我一起奋斗的员工就是我的家人，我要时刻为他们着想，为他们每一个人负责。"

虽然火锅店员工的工资并不高，但是他们每年都会有一次和老船

长一起驾驶老船长的游艇出海度假的机会，而且老船长还会定期给每位员工家中的老人邮寄一部分钱作为他们的生活补贴。这让每位员工都感受到了老船长对自己及家人的那份关爱。除此之外，老船长还会让每位爱好唱歌、跳舞或者拥有其他才艺的员工在每天晚上的例会中展示一下自己的表演才能。如此一来，每天都会有不同的员工得到同事的掌声和赞扬。在这样快乐的工作氛围中工作，火锅店的员工每天都很有激情，"老船长"火锅店的服务质量明显高于其他的火锅店。最终，每天来"老船长"火锅店吃饭的客人越来越多，"老船长"火锅店的老字号品牌也因此传承下来。

老船长是一个拥有高财商的创业者，因为他懂得通过内部激励让员工获得个人快乐感和满足感，进而创立了长盛不衰的老字号火锅店。

你有没有充满活力地做一件事？隐藏在你背后的能力源是什么呢？

_____

_____

_____

_____

_____

_____

_____

_____

_____

_____

_____

_____

_____

_____

九、激励的力量

周末几个小朋友约好聚在一起去公园放风筝，可是阿宝却没有赴约。

皮喽去公用电话亭给阿宝打电话："喂，阿宝吗？你今天怎么没出来放风筝呢？"

阿宝："妈妈说，如果我今天提前把作业完成，她就奖励我2元零花钱。"

听完阿宝的解释，其他几个小朋友感到十分惊讶。

咕一郎："原来阿宝用到了我们之前在财商教育课中学到的'机会成本'啊！他选择了以做数学题换取2元钱零花钱，从而放弃了和我们一起放风筝的机会。"

美妞说："这样看来阿宝是一个懂得权衡与取舍的理性人啊。"

皮喽说："平时阿宝也喜欢做数学题，可是这次他妈妈竟然奖励他2元。为什么这2元钱会有这么大的力量？"

富爸爸："你们能从这件事上联想到财商课程中的经济学原理，这种思考方式很不错。其实，阿宝的这种行为是在激励的力量下完成的。你们还记得什么是'激励'吗？"

几个小朋友异口同声地回答道："激励就是引起一个人做出某种行为的某种东西。激励又分为内部激励与外部激励两种类型。您上次只给我们讲了内部激励，我们还不知道什么是'外部激励'呢？"

所谓外部激励，是指由外部引发的、与工作任务本身无直接关系的激励。它主要激励在工作任务完成之后或在工作场所以外所获得的满足感，而且它与工作任务不是同步的。

当你们在公园放风筝的时候，只有阿宝甘愿留在家里做数学题。阿宝所得到的激励来源于他妈妈的外部刺激，即那2元钱的零花钱。在零花钱的激励下，阿宝做数学题时更有积极性。所以说，由零花钱引发的外部激励是使阿宝选择不和大家一起放风筝的原因。

FQ动动脑

写一写

1. 一个有财商的决策者如何在制定一些有激励意义的措施的同时，最大程度地减少这项激励措施所产生的负面影响？

_____

_____

_____

2. 政府会给每个正常参加工作的人缴纳一部分社会养老保险，目的是为了让劳动者在丧失劳动力以后其日常生活能得到最基本的保障。但是这一做法会导致一部分人减少平时的储蓄，而把晚年的生活保障完全寄托于政府和社会。如果你是一个社会学者，你认为政府应该如何避免这一保障措施可能产生的负面影响呢？

_____

_____

_____

任何速度都不安全

今天我们看到的汽车都配有安全带装置，但是在50年前并非如此。20世纪60年代后期，拉尔夫·纳德的著作《任何速度都不安全》问世。此书引起了公众对汽车安全问题的全面重视。美国国会立即做出反应，以立法的形式要求汽车生产商生产包括安全带在内的各种安全设备。从此，安全带成为所有新汽车的标准设备了。

美国国会制定的有关安全带的法律、法规对汽车安全产生的影响是显而易见的。当一个人系上安全带开车时，重大车祸发生时司机的存活率大大提高了。从某种意义上说，安全带拯救了一些人的生命。但是，这并不是事情的结束，因为这些有关安全带的法律、法规还通过激励改变了人们的行为，即司机开车时不再放慢速度持谨慎态度。缓慢而谨慎地开车是需要付出代价的，因为这样会耗费司机的时间和精力。从经济学的角度来看，当司机决定谨慎开车时，理性人要比较谨慎开车的边际收益和边际成本。当提高安全程度的收益高时，他们会更快、更急躁地开车。这就可以解释为什么人们在有冰的道路上行驶时会比在干净道路上行驶时更加缓慢而谨慎。

虽然安全带法律、法规的制定和实施在一定程度上改变了一个理性驾驶员的驾驶行为，但是这一安全保障措施同时也产生了其他我们意料之外的影响，那就是驾驶员更快、更放肆地开车。这样以来，安全带法律、法规的制定和实施所造成的最终结果是"更多的车祸次数"。

开车谨慎程度的下降显然对行人产生了不利影响，即行人遭遇车祸的概率增加。由此我们不难看出：这些法律、法规减少了每次车祸的死亡人数，却增加了车祸的总次数。结果是司机死亡人数下降，而行人死亡人数大大增加。

所以，我们在制定和实施某项政策时，不仅考虑其所带来的直接影响，还应该考虑其可能产生的不太明显的间接影响。

综上所述，我们发现：人们一般会通过比较边际成本与边际收益做出决策。所以，当边际成本或边际收益发生变动时，人们的行为也会随之改变。这就是说，人们会对激励做出一定的反应。

FQ笔记

请把发生在你身上的有关"激励"的故事和大家分享一下。

_____

_____

_____

_____

_____

_____

_____

_____

_____

_____

十、体验"交换"的乐趣

美妞："我更喜欢阿宝那张巴黎圣母院的明信片。"

皮喽："咕一郎的那张印有埃菲尔铁塔的简直太酷了！"

阿宝："我喜欢带风景的明信片。所以，皮喽的那张塞纳河的就不错！"

咕一郎："美妞的那张迪士尼乐园的明信片最好了，一看到它，我就有想去迪士尼游玩的冲动！"

富爸爸：“如果我给你们的明信片上面的风景图案都是一样的，大家就不会这样挑来挑去了。可是就因为明信片上的那些不同风景，让大家有了更多的选择空间。每个人都有自己的喜好，那我们如何让彼此都能得到自己想要的东西呢？”

美妞第一个站出来积极发言：“我愿意用这张印有迪士尼乐园的明信片和咕一郎交换，你愿意吗？”

咕一郎：“美妞，谢谢你，我愿意用我的明信片和你交换。”

阿宝说：“哦，原来我们可以利用自己手中已经拥有的明信片去换取我们更喜欢的明信片。”

富爸爸：“的确如此，在我们的社会中，每个人所拥有的资源是不同的，可是有时我们更需要别人手中的资源，‘交换’可以帮我们解决这个问题。”

几个小伙伴经过一番交换，大家基本上都换到了自己最喜欢的明信片，可是……

皮喽：“我觉得我有点亏，咕一郎说什么也不愿意把他手里的埃菲尔铁塔明信片和我交换，除非我再给他一根香蕉。”

大家想想看，皮喽吃亏了吗？皮喽应不应该答应咕一郎外加一根香蕉的要求？

富爸爸告诉你

　　交换是一种方法，财商是一种让你获得财富的思考方式。其实，在我们平时所见的各种交换中都蕴含着经济学原理。当一个饥肠辘辘的饿汉看到别人手中的馒头时，他可能会用手上的宝石来交换馒头。因为此时此刻那个馒头比他手上的宝石更能让他感到幸福。这是一个简单的经济学原理。因此，无论是谁，根据自己的实际情况以及收益预期对手中的商品资源进行重新配置，或者与社会其他经济个体的资源进行利益交换，在交换中实现原有资源的升值。

FQ动动脑

说一说

生活中哪些事件让你感受到了交换带给你的便捷与快乐?

_____

_____

_____

_____

_____

_____

_____

交换的奇迹

一位外国年轻人因一枚曲别针的"交换奇迹"成了小小的名人,他的故事也变成互联网时代成就的一个外国神话。

　　这名年轻人名叫凯尔。在博客成为时尚的今天，他开通了自己的博客，并在其博客上说出自己的梦想：我想拥有一套豪宅，但不是通过现金购买，而是用手中的东西交换。

　　那么，他用于交换的东西是什么呢？——仅仅是一枚红色曲别针。

　　这似乎像个笑话，听起来还有些离谱。但这一梦想恰恰吸引了一对姐妹。她们主动联络凯尔，用

交换的奇迹

交　换

成　功

一支钢笔换走了那枚曲别针。

由此，这枚红色曲别针所引发的故事有了戏剧性的发展。

借助互联网的力量，凯尔的梦想被更多的人知道了：一位陶器艺术家又用他的小陶器换走了凯尔手中的钢笔，一位居家男人再次用烤炉换走了手工艺小陶器，一位大男孩又用一大桶啤酒换走了烤炉，一位啤酒爱好者再用一辆雪地摩托换走了大桶啤酒。

凯尔的故事进行到这一步，人们的目光变了，不少媒体开始介入，越来越多的普通人也开始关注凯尔的梦想将怎样实现。

这时，一家旅行杂志提出用一次远程旅游交换凯尔手中的雪地摩托车。得知消息的人又将这次远程旅游用一辆大货车换走。至此，这枚红色曲别针经过数次物物交换已变成一辆大货车。这辆大货车又被一位音乐制作人看中，提出以免费录制唱片作为交换条件，以此换取这辆大货车。

当凯尔手中握着一张免费录制唱片的合约时，一位梦想当歌星的女孩联系到凯尔，她觉得这是一个难得的机会，而且她有一栋两层别墅。她愿意出让这套房子一年的居住权来换取免费录制唱片的合约。

现在，拿到别墅钥匙的凯尔并没有立刻搬入豪宅，而是将居住权继续放在网上等待交换。

依事态的进展，我们似乎可以断言，凯尔用曲别针交换豪宅的梦想肯定能够实现。

这就是网络时代国外一枚小小的曲别针所创造的美丽神话。

曲别针通过一次又一次的交换，最终变成了一栋别墅一年的居住权，这似乎为我们翻开了人生中的另一个篇章。同时，这个故事还告诉我们：有了梦想，就要勇于实践，才能将其变为现实。从经济学的角度来考虑的话，我们不难发现它蕴含着"信息互相传递就能创造更多价值"的这一朴素道理。他人需求的信息，可能隐藏着难以估量的价值，也同样隐藏着"人生的机会"，只有少数勇于实践的人才能抓住这样的机会。从这个意义上讲，也许商品的交换会在人类社会一直存在下去。

读了《交换的奇迹》这篇文章后，你还受到哪些启发？

FQ笔记

请和好朋友进行一次有意义的交换活动。

_____

_____

_____

_____

_____

_____

_____

_____

_____

_____

_____

_____

_____

_____

_____

_____

十一、"贸易"的力量

学了财商以后，每个小朋友都开始利用周末或者假期开展相关的社会实践活动。

阿宝拿着小桶和抹布提议帮邻居家的叔叔擦车。一开始，叔叔并不接受，因为他认为自己有时间擦车，而且也不好意思让邻居家的小孩为自己提供免费劳动。于是，有财商的阿宝对叔叔说："每周您只需要支付我20元，便可以让您免去洗车的困扰，这样，你就可以腾出更多的时间悠闲地观看篮球比赛。"听阿宝这样一分析，叔叔觉得自己既可以畅快地看篮球比赛，又可以帮助阿宝勤工俭学。最终，叔叔欣然同意了阿宝的擦车提议。

美妞很喜欢小孩，所以，她利用周末帮工作繁忙的邻居阿姨照顾4岁的小宝宝。每周美妞都会得到20元的收入。

皮喽就更厉害了。皮喽在朋友圈里算是个小有名气的电脑高手，自称"IT天才"的他常常帮助很多家庭安装电脑系统。而他每次的劳动报酬高达50元。

　　咕一郎则是去富爸爸的餐厅刷盘子，每个月也有一笔不少的收入。

经济学家推崇贸易。社会中的一些人具有自己的专长、技能、资源或资本，由此造成了这些人的竞争优势。他们利用自身的这些优势自由地进行货品或服务的交换，因此形成了贸易。

贸易也被称为"商业"。最原始的贸易形式是以物易物，即双方直接交换货品或服务。现代的贸易则普遍以一种媒介进行讨价还价，如金钱。 金钱及非实体金钱大大简化和促进了贸易的发展。由于社会分工越来越专业化，每个个体一般只从事某一小范畴内的工作，所以，他们必须以贸易来获取日常生活用品。

FQ动动脑

说一说

1. 在一次野外郊游中，你的同伴会搭帐篷，而做饭是你的专长。如果在整个度假过程中，你的同伴负责每天的搭帐篷工作，你则承担全部的做饭工作，这比不进行任何分工所花费的时间是多还是少？

_____

_____

2. 试举一个与题目1类似的例子，以此说明专业优势和贸易如何使一个家庭或团体的运转状况变得更好。

_____

_____

3. 找几项你所具备的优势和特长，想想如何利用这些优势体验贸易带来的快乐？在以后的成长过程中，你将如何塑造更多的优势？

_____

_____

分工合作与贸易交换

很多家长本可以自己在家教孩子学习一些基础性的文化知识，为什么他们还要把孩子送到学校让老师来教育自己的孩子呢？因为在基础知识的传授方面，老师要比家长更为专业，这样可以保证孩子能够接受到更系统、更专业的教育。如同我们生病以后要去看医生一样，因为医生在诊断、治疗方面比病人自己更专业。再比如，如果你的房子因水管破裂而漏水，接下来你会怎么做？当然是找水管工了！因为即便自己可以通过学习一些基本的修理常识而修好水管，但是在这种情况下，我们付出的成本会比请一个水管工更高。

现在，我们仔细分析一下上述列举的劳动者——老师、医生、水管工，他们都有各自的专业优势，熟知并掌握自己所从事领域所需的知识和技能。社会需要各行各业且拥有不同优势的专业人员相互协作，并且以金钱作为媒介在彼此的服务交换中促进每个人的利益平衡。这就是贸易的力量。

FQ笔记

让爸爸妈妈讲讲他们自己的工作内容是什么？他们又是如何和同事分工合作完成工作任务的？

_____

_____

_____

_____

_____

_____

_____

_____

_____

_____

_____

_____

十二、国内贸易

放学了，几个小伙伴聚在学校门口等待家长接自己回家。

皮喽兴高采烈地对其他几个小伙伴说："我叔叔特地从黄山那边来北京看望我们，他是当地一家茶叶厂的厂长，给我们带了好多很好喝的茶叶……"还没等皮喽说完，阿宝大声喊道："你们看，皮喽叔叔和美妞妈妈正有说有笑地朝我们这边走过来了。"

大家都很奇怪：美妞妈妈怎么会认识皮喽叔叔呢？

美妞妈妈说："我们是生意上的合作伙伴。"几个好朋友瞪大了眼睛，用疑惑的眼神看着他们。

美妞妈妈继续解释道："皮喽叔叔的茶叶厂生产的茶叶物美价廉，所以，今年我特意从他那购进了一批茶叶作为我们公司对员工发放的福利。"

皮喽叔叔补充道："美妞妈妈的服装厂加工制作的衣服做工精美，我正准备购进一批作为我们茶叶厂员工的制服，而且我们双方目前已达成长期合作的意向。"

看着两位大人一边握手一边微笑，几个小朋友猜想这里面一定发生了一些和财商有关的事。他们决定晚饭后去找富爸爸问个明白。

美妞妈妈的服装厂制造出了漂亮的衣服，皮喽叔叔的茶叶厂生产了大量优质茶叶，他们之间所进行的商品交换就是我们通常所说的"国内贸易"。国内贸易是指在一国国界范围内进行的商品和劳务的交换。

FQ动动脑

写一写

北京和内蒙古的特产分别是什么？两地的商人是如何通过交换使贸易双方利益最大化的？

_____

_____

_____

_____

比较优势理论

大卫·李嘉图在其代表作《政治经济学及赋税原理》中提出了比较成本贸易理论（后人称为"比较优势理论"）。比较优势理论认为，国际贸易的基础是生产技术的相对差别（而非绝对差别），以及由此产生的相对成本的差别。每个国家都应根据"两利相权取其重，两弊相权取其轻"的原则，集中生产并出口其具有"比较优势"的产品，进口其具有"比较劣势"的产品，即如果一个国家在本国生产一种产品的机会成本低于在其他国家生产该种产品的机会成本，则这个国家在生产该种产品上就拥有比较优势。

下面让我们来看两则与比较优势理论相关的事例。

比尔·盖茨无论在编写软件还是在打字速度上都强于他的秘书，为什么他还是只编写软件，而将打字工作交给秘书来完成呢？根据比较优势理论，我们不难看出，虽然比尔·盖茨在两项工作上都有优势，但显然他在编写软件方面更具优势。因此，如果他把自己的时间和精力全部用于编写软件，即使在支付给秘书一定工资费用后，他仍将得到比同时兼职两种工作所产生的更大效益。

事实上，中国的田忌赛马故事也反映了这一比较优势原理。田忌所代表的一方的上、中、下三批马，每个批次的质量都劣于齐王的马。但是，田忌用完全没有优势的下等马对齐王有完全优势的上等马，再用拥有比较优势的上等、中等马对付齐王的中等、下等马，结果稳赢。

小贴士

复习"机会成本"与"贸易"的概念

为了生产一种产品而不得不放弃另一种产品的生产，放弃的产品比别人少，这其实就是机会成本的概念。重点不在于你生产的产品有多少，而在于你必须放弃什么，牺牲什么，这突出了贸易的重要性。

FQ笔记

请用心寻找和记录身边与"国内贸易"有关的情景。

_____

_____

_____

_____

_____

_____

_____

_____

_____

_____

_____

_____

_____

_____

_____

十三、国际贸易

几个小朋友的英语水平都逐渐提高了。美妞开始喜欢看英文版的动画片，咕一郎最近竟然对阿拉伯语产生了浓厚的兴趣。富爸爸之前告诉过大家在生活中要注意多观察，多思考，多问为什么，因为这些都是提高财商的好方法。

突然有一天，几个小朋友遇到了一些与英文和财商有关的问题。

美妞带着爸爸送给她的新手表高兴地展示给其他小朋友："看！这块手表是我上次绘画比赛得奖后爸爸奖励给我的。它可是瑞士产的名牌手表哦！"

咕一郎疑惑地问道"瑞士在哪儿啊？我们还是在世界地图上找找看吧。"

说完，阿宝走到客厅墙上贴着的世界地图面前，指着位于欧洲中部的瑞士版图，惊讶地说："呀！你的手表产地离我们好远啊！它是怎么来到中国的？它在中国的售价和在瑞士的售价是一样的吗？"

美妞回答道："阿宝，你怎么一下子冒出来这么多问题呢？说实话，我也回答不了你的这些问题。"

　　皮喽指着自己身上的T恤衫扬扬得意地对美妞说道："一块瑞士产的手表有什么了不起的，这件T恤衫是一个在加拿大留学的哥哥送给我的。"

咕一郎被皮喽的话搞晕了，半信半疑地问道："这件T恤衫既然是一个在加拿大的哥哥买给你的，为什么它上面会印有'Made in China'字样？这可是'中国制造'的意思。"

皮喽被咕一郎问糊涂了，急得直抓耳挠腮。

没等皮喽回答，这时阿宝拿着一大包饼干说："快看，这是我在超市买的饼干，促销员阿姨告诉我这是进口商品。饼干包装上印刷的都是外文字母，一个中国汉字都没有。你们有谁知道这些外文字母是什么意思啊？"

到目前为止，每个人心中都积满了疑问和不解的难题。于是，大家决定一起去找富爸爸来解答这些问题。

富爸爸听完几个小朋友的问题，笑着问道："如果我们自己国家生产的大米比法国生产的大米多，而法国生产的葡萄酒比我们自己生产的葡萄酒多，想想看，如何让每个国家都拥有充足的食物分配给需要它们的人呢？"

几个小朋友齐声地说道："贸易！"

　　不同国家之间的商品和劳务的交换活动称作"国际贸易"（International Trade）。它是商品和劳务在国与国之间的转移。

　　国际贸易由进口贸易（Import Trade）和出口贸易（Export Trade）两部分组成，故有时也称为"进出口贸易"。

　　国与国之间进行商品和劳务交换时，对贸易当事国来说是对外贸易。各国对外贸易的总和构成世界贸易。由于现代国与国之间的货币信贷关系、科技合作关系等都以商品贸易为基础，故国际贸易是现代国际经济联系的基本形式。

　　国际贸易是在国际分工和商品交换的基础上形成的经济形式。

　　实际操作中的国际贸易实务一般指的是完成一笔进口或出口交易所进行的一系列业务活动，大体上可分为3个阶段：①交易前的准备工作；②交易的磋商和合同的订立；③合同的履行。

FQ动动脑

找一找

1. 你周围的哪些外国商品上印有"Made in China"字样?

_____

_____

_____

2. 为什么你找到的这些商品上都印有"Made in China"字样呢?

_____

_____

_____

想一想

1. 为什么各国之间的贸易不像奥运会比赛那样产生赢家和输家呢?

_____

_____

_____

2. 我们国家在进出口贸易方面有哪些优势和劣势？

_____

_____

_____

_____

小贴士

世界贸易组织

1994年4月15日在摩洛哥的马拉喀什市举行的关贸总协定乌拉圭回合部长级会议决定成立更具全球性的世界贸易组织——世界贸易组织（World Trade Organization，简称WTO），以此来取代成立于1947年的关贸总协定。

世界贸易组织的目标是建立一个完整的、更具有活力的和永久性的多边贸易体制。与关贸总协定相比，世界贸易组织管辖的范围除传统的和乌拉圭回合确定的货物贸易外，还包括长期游离于关贸总协定外的知识产权、投资措施和非货物贸易（服务贸易）等领域。世界贸易组织具有法人地位，它在调解成员争端方面具有更高的权威性和有效性。

棒球手套和曲棍球杆之间的贸易

　　A国和B国都可以生产棒球手套和曲棍球杆。A国每年生产1亿副棒球手套和3000支曲棍球杆，B国每年可以生产8000万副手套和5000万支曲棍球杆。通过比较，A国在生产棒球手套方面具有绝对优势。当B国的体育爱好者对于棒球手套供不应求时，通过国际贸易可以将A国生产的棒球手套向外出口到B国。B国具有生产曲棍球杆的绝对优势，当A国体育爱好者对于曲棍球杆的需求大于供给时，进口B国的曲棍球杆可以缓解A国市场面临的供不应求的压力。

　　在国际贸易出现之前，每个国家都无法自给自足本国国民所需要的一

切生产资料和其他消费品。国际贸易出现以后，这一难题随之迎刃而解，同时，它给每个国家都带来了一定的经济收益。

FQ笔记

　　搜集身边的进口商品（衣物、食品等）。想一想这些物品来自哪里？怎么来到中国的？

_____

_____

_____

_____

_____

_____

_____

_____

_____

_____

十四、市场的力量

　　夏日炎炎，几个小朋友在周末的午后顶着烈日来到富爸爸开的"FQ西餐厅"，在这里用自己的劳动为社会创造财富。

　　美妞乘坐妈妈的汽车从西郊的风景区赶来，皮喽乘坐地铁从南郊的农场来，阿宝从上午陪妈妈去市中心的高级商场到达"FQ西餐厅"，而咕一郎从城北来。虽然他们来自不同的地方，但是大家手里却都拿着同一品牌的新款柠檬饮料。大家一致认为在炎热的夏天能喝上这种冰凉可口的柠檬饮料简直是一种享受。当大家发现彼此都拿着相同的饮料时，还是感到很疑惑：我们刚刚并没有聚在一起，明明分散在城市的各个区域，可是我们竟然买到了相同的饮料？！

富爸爸告诉你

　　市场是由某种物品或劳务的买者与卖者组成的一个群体。狭义上的市场是买卖双方进行商品交换的场所。广义上的市场是指为了买卖某些商品而与其他厂商和个人相联系的一群厂商和个人。市场的规模即指市场的大小及购买者人数的多少。

　　市场是由一切具有特定需求和欲望，并且愿意和能够通过交换的方式来满足自由需求和欲望的顾客构成。市场体系是由各类专业市场（如商品服务市场、金融市场、劳务市场、技术市场、信息市场、房地产市场、文化市场、旅游市场等）组成的完整体系。同时，在市场体系中的各专业市场均有其特殊功能，它们互相依存、相互制约，共同作用于社会经济。

例如柠檬饮料市场，柠檬饮料的购买者并没有在某一时间聚集在一起；柠檬饮料的销售者也分散在不同的地方，并提供略有差别的产品与服务。然而这些柠檬饮料的消费者和销售者是紧密相关的。柠檬饮料的消费者从各个柠檬饮料销售者中进行选择，来满足自身的消费需求；而柠檬饮料销售者也努力吸引各个柠檬饮料消费者，以便销售成功。尽管这个市场没有人去组织，但由柠檬饮料消费者和柠檬饮料销售者组成的群体形成了柠檬饮料市场。

市场的起源和发展

市场起源于古时人类对于固定时段或地点进行交易的场所的称呼。当城市成长并且繁荣起来后，住在城市邻郊区域的农夫、工匠、技工们就会开始互相交易并且对城市的经济产生贡献。显而易见，最好的交易方式就是在城市中有一个集中的地方（即市场），这样人们就可以在此提供货物以及买卖服务，方便人们寻找货物、接洽生意。当一个城市的市场变得庞大而且开放时，城市的经济活力也会相对增长起来。

随着社会交往的网络虚拟化，市场不一定是真实的场所和地点，当今许多买卖都是通过计算机网络来实现的，中国最大的电子商务网站淘宝网就是为买卖双方提供交换的虚拟市场。

FQ动动脑

写一写

1. 为什么每当寒流袭击我国南方时，全国各地的超市所售卖的部分蔬菜或水果的价格都会有或大或小的上涨？

_____

_____

2. 为什么每年的"十一黄金周"，各地的旅馆住宿价格都会有一定幅度的上涨？

_____

_____

FQ超链接

可口可乐成功的背后

可口可乐的故事开始于美国南部佐治亚州亚特兰大市中心的雅科布药店。药剂师约翰·佩伯顿于

1886年5月8日用可可叶和可乐果调制出一种特别口味的糖浆。可口可乐从此诞生。

不过，这款饮料并没有给它的发明者约翰·佩伯顿带来康健和财富。离世前不久，他以2300美元的价格把配方卖给了阿舍·坎德勒。

阿舍·坎德勒全心推销自己的产品，改良配方，并将饮料装入当时典型的细腰玻璃瓶中。也就是阿舍·坎德勒做出的这个里程碑式的决定，使得可口可乐从一个小规模的区域性公司变成全世界家喻户晓的饮料。最终，这种糖浆变成了"国饮"，可口可乐成为"美国生活方式"的代名词。

阿舍·坎德勒创造"可口可乐商业奇迹"的背后还隐藏着一个精彩的故事。

　　一天，一个富有传奇色彩的年轻人冲进阿舍·坎德勒的办公室，宣传他有办法大幅度提高可口可乐的利润，并为其打开更大的市场，条件是他要得到一份丰厚的报酬。两个人坐下来谈了许久，最后阿舍·坎德勒终于抗拒不了内心的好奇，开了一张支票给那个年轻人。年轻人潇洒地接受了支票，然后向前倾身，在阿舍·坎德勒耳边轻声讲了两个字，从而导致了一个商业帝国的诞生：瓶装！

　　幸运的是，阿舍·坎德勒有足够的远见来接受这个年轻人的忠告。接下来便是众所周知的历史——可口可乐这款饮料大规模地冲入了国际市场，走进了千家万户。

FQ笔记

　　选取日常生活中常见的一种瓜果蔬菜，定期记录它价格的变化，探寻隐藏在这一商品背后的市场信息。

十五、自由与平等

　　市中心新开了一家大型超市。周末一到，几个小朋友都拎着购物袋来到这家名为"自由购物"的超市进行生活用品大采购。

　　整个超市一共有三层，每层都摆满了各种商品。一进超市，大家都被超市内琳琅满目的商品所吸引。

　　几个小朋友提前罗列了自己的购物清单，同时富爸爸也叮嘱大家要把清单上的商品分为"想要"和"需要"两大类。可是购物结束后，每个人还是把购物袋塞得满满的。

　　大家一路上边说边笑地分享着这次购物的经历。

　　美妞第一个发言，只听她兴奋地说道："这种自由的购物环境让我们在购物的时候很舒服，我充分感受到了消费的快乐。"

　　皮喽则总结道："在付账的时候，我感觉自己和卖家之间是互相平等的，彼此都彬彬有礼，顿时感觉自己变成了绅士。"

阿宝在谈到对这次购物最大的感受时说道：
"这个超市有很大的魔力，让我们心甘情愿地把口
袋里的钱都掏出来进行消费。"

　　咕一郎说："我们不但进行了交易、促进了贸
易的发展，而且还锻炼了财商；最重要的是，我们
还获得了这么多的商品。"

　　很快，大家就拎着自己的购物收获来到了富爸
爸家。

富爸爸听完几个小朋友讲述的超市内的快乐购物实践，意味深长地问道："你们在这个过程中是否体会到了市场的交易原则？"

富爸爸的这个问题把大家镇住了。几个小朋友对"市场交易原则"这一专业的经济学名词有点生疏，也有点一知半解。

富爸爸告诉你

市场交易原则就是市场交易活动中必须遵循的规则和秩序的根据。市场交易原则主要包括自愿、平等、公平、诚实信用。它们从不同的方面规范着市场上买卖双方的交易方式和交易行为。

市场交易原则从形式上看是人为制定的，它既可以被遵守，也可以被破坏，但这只是一种表面现象。实际上，不管人们是否了解市场交易原则，在交易活动中总要自觉或不自觉地遵守市场交易原则。例如，在市场交易中，不管是先交货后交钱还是先交钱后交货，其间总是存在一个时间差。

允许存在一个时间差，说明交易双方存在起码的信任关系，说明诚实信用原则在无形中发挥了作用。遵守市场交易原则，市场秩序才有保证，交易活动就可以正常进行；违背市场交易原则，市场秩序将受到破坏，交易活动就无法正常进行。这关系到每个人的切身利益。可见，坚持市场交易原则并不是出于人们的良好愿望，而是市场交易活动的客观要求。

FQ动动脑

做一做

根据市场交易原则，和你的好朋友一起对学校或家庭附近的某个市场做一次有意义的社会小调查吧！

_____

_____

_____

_____

财商社会实践行动进行中

富爸爸给几个小朋友布置了一份"财商社会实践"的作业，即让大家根据市场交易的原则（自愿、平等、公平、诚实信用）去寻找生活中与之相对应的社会现象。几个小朋友再次来到那家名为"自由购物"的超市。不同的是，这次他们不是购物，而是去"考察"。

我的社会实践报告

超市（卖方）在商店中的商品上都会标注明确的价格，每位顾客（买方）都按照自己可以接受的价格进行购买。那些"势利眼"的商户（卖方）不会入驻这家超市，因为他们可能会破坏市场的交易原则。

我的社会实践报告

　　在市场上，尽管交易双方是以购买者和销售者的不同身份出现，但彼此间的地位都是平等的。我可以选择买或者不买，超市会将最近不准备出售的物品放在库房中保存，摆在货架上的物品则是商家愿意出售的。因此，买家对于每个货架上商品购买的机会都是相同的，卖家对于每种商品出售的机会也是相同的。而且商品是天生的"平等派"，据我观察：同样的商品会卖同样的价钱。

我的社会实践

　　我看到超市的墙壁上张贴着的"严令禁止假冒伪劣、掺杂使假、以次充好、非法销售"的宣传标语。经过我和爸爸的调查，发现这家超市确实没有假烟、假酒和过期食品。看来这家超市遵守了"诚实信用"这一市场交易原则。

我的社会实践报告

超市中的商品不仅全部明码标价，而且瓜果蔬菜等商品在称重时称平尺准、童叟无欺。公平是市场交易的灵魂，是衡量市场交易活动是否有序、规范的试金石。

富爸爸对他们四人的报告进行了总结："你们刚说的这些就是我们通常所讲的'等价交换'。无论是厨师、律师还是'某个我'去超市购买一瓶牛奶，价格都是相同的。我不会认为这是一种恩赐，因为这种'平等'是市场交易的基本原则之一。我尊重卖给我商品的每一个服务人员，他们也会用微笑的服务来回报我。"

FQ笔记

请把你或周围人遇到的违反市场交易原则的事件记录下来。

_____

_____

_____

_____

十六、看不见的手

学校门口新开了两家冰激凌店，分别是"超级冰激凌店"和"哈哈冰激凌店"。

第一天放学后，同样的冰激凌在"超级冰激凌店"卖2元/个，而"哈哈冰激凌店"则卖1元/个。于是，同学们都纷纷涌向"哈哈冰激凌店"购买冰激凌。

第二天放学后，"超级冰激凌店"门口树立起一个大大的广告牌，上面写着"冰激凌买五根送一根"字样。于是，同学们这次结伴去"超级冰激凌店"购买冰激凌。

第三天放学后，"哈哈冰激凌店"为了和"超级冰激凌店"争夺顾客，特意推出了"买三根冰激凌就可以参加一次大抽奖"的促销活动，最高奖项为一个可爱的小兔子毛绒玩具。大家看到放在冰激凌橱窗里的小兔子，立刻就被吸引了，纷纷跑到"哈哈冰激凌店"购买冰激凌。可是同学们买完冰激凌后发现：这次他们购买的冰激凌比之前的小了一圈，而且几乎没有人能抽到大奖。所以，很多同学又跑向了"超级冰激凌店"。

　　阿宝看着跑来跑去的人流，觉得他们这几天的行为就像被什么特殊的力量吸引了一样。所以，阿宝去向富爸爸请教这个问题。

　　富爸爸告诉阿宝："在这个过程中，有一只'看不见的'手在驱动着同学们的行为。"

"看不见的手"是英国经济学家亚当·斯密于1776年在其《国富论》一书中提出的命题。它最初的意思是，个人在经济生活中只考虑自己的利益，于是，人们的市场行为受"看不见的手"驱使，即通过分工和市场的作用，可以达到国家富裕的目的。后来，"看不见的手"便成为表示资本主义充分竞争模式的形象用语。

"看不见的手"是用以形容充分运作时的价格机制。在价格机制充分运作下，自由市场里的供给和需求将会自然而然达到均衡，价格与数量也达到最适当的水平，仿佛市场运作在冥冥之中受到神的指引一般，因此也有人称之为"看不见的神之手"。

FQ动动脑

找一找

在你的周围寻找一下市场中的那只"看不见的手"，看看它是如何发挥作用的。

_____

_____

FQ超链接

亚当·斯密与"看不见的手"

1723年的一天，英国苏格兰柯科迪的一个小渔村里，诞生了一位影响世界的天才人物，他就是后来被人们称之为"经济学之父"的亚当·斯密。

亚当·斯密3岁时，其作为律师兼海关官吏的父亲不幸去世了。他和母亲相依为命，终生未娶。14岁的时候，他就读于格拉斯哥大学，17岁获得硕

士学位，并被推荐去牛津大学巴利奥尔学院学习。1746年，他先在爱丁堡大学任讲师；1751年，任格拉斯哥大学逻辑学教授；1752年，改任道德哲学教授，讲授的道德哲学内容包括自然哲学、伦理学、法学、政治学，因其高超的教学水平和思辨智慧而远近闻名。1759年，他出版了《道德情操论》一书。1758年到1763年，亚当·斯密兼任格拉斯哥大学财务主管、教务长、副校长等职务。1762年，他被授予格拉斯哥大学博士学位。1764年初，亚当·斯密辞去教职，担任布克莱西公爵的私人教师，年薪300英镑加旅费再加此后一年300英镑津贴，待遇十分优厚。当年，他陪着年轻的公爵从英伦三岛出发去欧洲旅游。当他踏上欧洲大陆时发现，欧洲的发展令他震惊。他先后游历了法国、德国等国，结识了很多研究经济学的学者，并拜访了重商学派、重农学派的代表人物。两年半后的1767年，他带着丰厚的报酬回到英国，10年间闭门写作，思考、发现"价格"这一引导社会转动的力量。

1776年3月，他出版了一本名为《国民财富性质和原因的研究》，这就是著名的《国富论》。亚当·斯密认为，虽然在一些场合，人们会有利他主义行为，但就其本性而言，则是利己的，即每个人在做事时，没有人会考虑社会利益，而是从自己的个人利益出发决定其经济行为的，并未受到任何人的指挥和干预，这就像是有一只"看不见的手"在影响着人们的行为。当每个人都这样想、这样做的时候，整个社会将和谐、有效地正常运行，社会利益也因此实现最大化。亚当·斯密提出了价格像"看不见的手"自发调节经济，从而导致私人利益和社会利益一致的思想。

我们今天所需的食物和饮料，不是出自屠户、酿酒师或面包师傅的恩惠，而是由于他们自利的打算。亚当·斯密揭示了市场经济最基本的思想，他的"看不见的手"这一理论被认为是"经济学皇冠上的宝石"，至今仍被经济学界奉为至理名言。诺贝尔经济学奖获得者、美国经济学家弗里德曼曾在评价"看不见的手"这一理论时说："市场经济超越所有君王和政府，如同上帝一般无法管制和驾驭人们的行为，故地球上最强大的'有形之手'也对其退避三舍。"

在书中，亚当·斯密主张国家不要干预经济，要让经济自由发展，让价格机制自发地担负起调节作用。每个人都会自觉地按照价格机制，根据自己的利益去做事，这样社会就会向前发展。因此，他在《国富论》一书的扉页上写有"献给女王陛下的一本书"，也就是他想对女王说："女王陛下，请您不要干预国家经济，回家去吧！国家做什么呢？就做一个守夜人，当夜晚来临的时候就去敲钟，入夜了看看有没有偷盗行为，这就是国家的任务。只要国家不干预经济，经济自然就会发展起来。"

FQ笔记

和同学或者家长一起讨论"我眼中的看不见的手"。

_____

_____

_____

_____

_____

十七、断 弦

美妞一边弹古筝一边回忆着这几天所学的财商知识。市场中有一只"看不见的手"，它可以调控市场，就如同乐谱上的音符可以连接成美妙的乐章一样。每当她遇到不会弹或者弹不好的曲子时，她可以参照乐谱，因为乐谱会像老师一样给予她指导。政府制定的一些相关政策或措施如同乐谱一样，在它的指导下，"看不见的手"才能有效地发挥其职能……

"啪"的一声，琴弦突然断开了。美妞的思绪也因此被打断。

阿宝听见客厅里美妙的音乐声突然消失了。于是，他急忙跑出来看个究竟。

美妞失望地对阿宝说："虽然我完全按照乐谱上的音符来弹这首曲子，没有弹错一个音符，但是由于琴弦断了，我还是没能把这首曲子完美地呈现出来。"

阿宝说："我刚才正在看《财商早报》，你看看它上面报道的这则新闻。在世界上某些国家的某些地区，很多人都处于失业状态，社会失业率的提高让这些地区的城市变得不再那么繁荣，许多身患疾病的老人和孩子因无钱医治而病情加重……"

美妞："看来政府的调控也有'断弦'的时候。"

富爸爸听见他们的对话，略有所思地走了过来。

我们说政府有时可以改善市场结果，但这并不意味着它总能达到这样的效果。公共政策并不是天使制定的，而是由政府依照不太完善的政治程序制定的。有时政府所制定的政策只是为了实现某一部分势力集团的局部利益；有时政策是由一些动机良好但掌握信息不充分的领导人制定的。当你学习经济学并且用财商的思维去思考问题时，你就能更好地判断政府制定的政策是否正确。而我们判断的标准就是：这项政策是否有效地促进了社会的公平与效率。

小贴士

通货膨胀

通货膨胀一般定义为：在信用货币制度下，流通中的货币数量超过经济实际需要而引起的货币贬值和物价水平全面而持续的上涨——用更通俗的语言来说就是：在一段给定的时间内，给定经济体重的物价水平普遍持续增长，从而造成货币购买力的持续下降。

FQ动动脑

说一说

看下面这幅关于"通货膨胀"的漫画，谈谈你的看法。

"没错，当你开始排队时价钱可能是68美分，但现在已是74美分了！"

_____

_____

_____

查一查

德国在第一次世界大战后发生的"通货膨胀"对社会经济造成了严重影响。请收集相关资料及照片，并对此现象发表你的看法。

FQ超链接

国民党政府统治时期的通货膨胀

在国民党统治时期，国民政府肆意滥发纸币，造成国内长期恶性通货膨胀。据统计，从抗日战争爆发到国民政府崩溃（1937—1949年）的12年间，纸币发行量累计增加了1400多亿倍，致使同期物价上涨了85000多亿倍，达到古今中外罕见的程度。货币购买力一落再落，最后几乎变成废纸。

曾经有人做过这样的统计，以100法币购买力为例，在1937年可买两头牛，1938年为1头牛，1939年为1头猪，1941年为1袋面粉，1943年为1只鸡，1945年为1条鱼，1946年为两个鸡蛋，1947年为1个煤球，1948年8月国民党货币改革时为3粒大米。至此，全国广大劳动人民陷于极端痛苦和贫困的境地。

国民党政府滥发纸币，陷中国人民于水深火热之中，激起了人民群众的愤慨与反抗。从1946年12月起，随着人民解放战争的发展，国民党统治区广大学生、工人的反饥饿、反内战、反迫害的民主爱国运动进入新的高潮，逐步形成反对国民党政府统治的第二条战线。中国人民解放战争的胜利宣告了国民党政府统治及其通货膨胀政策的最终结束。

整理近50年内国内外发生的有关"政府调控不当"的重大事件。

_____

_____

_____

_____

_____

_____

_____

_____

_____

_____

_____

_____

_____

_____

_____

_____

十八、分蛋糕

今天是皮喽的生日，快到中午的时候，大家都齐聚到皮喽家。一个大大的漂亮蛋糕早已摆放在饭桌上了。说起这个蛋糕，它可不是一个普普通通的蛋糕，而是上了西点制作课的美妞的最成功的作品之一。几个小朋友看着诱人的蛋糕，口水都要流出

来了。

美妞："这个蛋糕的成本非常高，我不但对所使用的材料进行精心挑选，而且还牺牲了自己上美术课的时间学习和制作蛋糕。"

咕一郎掏出放大镜反复观察着这个蛋糕，然后不紧不慢地说道："嗯，美妞说得很对，她的这个蛋糕可是在哪儿也买不到的。由此我们断定，它的确称得上是'一个极其稀缺、珍贵的蛋糕'。"

正当富爸爸准备为大家切蛋糕的时候，美妞急忙上前一步，及时阻止了富爸爸的行为。

美妞："这个蛋糕可是我的杰作。作为有财商的理性人，我们要仔细地想一想'这个蛋糕如何切分'。"

皮喽："因为我是今天的小寿星，所以，那块最大的蛋糕应该属于我。"

美妞："但是这个蛋糕是我亲手制作的，按道理来说，我应该得到最大的，这也算是对我的一个激励！"

阿宝："制作蛋糕的材料都是我帮着美妞买回来的。为了比较价格和质量，我跑了好几家超市，这里面也包含着我的很多汗水和劳动呢！"

咕一郎灵机一动："皮喽，昨天我帮你做卫生大扫除了，作为交换，当时你答应今天多给我一块蛋糕的！这是我们俩之间的交易，你可不能毁约啊。"

富爸爸："'稀缺资源如何配置'这个问题一直困扰着我们每一个人。你们从经济学的角度出发，想想这个蛋糕该怎么分呢？"

美妞："根据经济学原理，我已经尽力把蛋糕做到最大了。可是，我们还是面临'资源紧缺'这一问题。"

阿宝："即使这块蛋糕已经足够大了，但是在这么多人面前，它还是有限的。"

富爸爸："考虑一下海滩附近的土地资源。由于这种土地资源的面积有限，并不是每一个人都能享受到住在海边别墅的奢华生活。谁会得到这种资源呢？答案是任何一个愿意而且能够支付这种土地价格的人。海滩附近的土地价格会因为市场的供求关系不断地变化和调整，直到这种土地的需求量与供给量达到平衡为止。在市场经济中，价格是配置稀缺资源的机制。想想看，如果我把切分后的每一块蛋糕都标上价格，这时将会出现什么样的局面？"

几个小朋友都惊讶地问道："这是我们自己做的蛋糕，它并没有被投放到市场中，我们该如何对它进行定价呢？"

富爸爸："我们可以把大小不同的蛋糕分别标上不同的'劳务价格'。比如说，今天聚餐结束后收拾桌子的劳务价格，整理书柜外加收拾房间的劳务价格，给花园中的草坪除草的劳务价格，给宠物洗澡的劳务价格……"

最后大蛋糕被切成了很多大小不一的小蛋糕，而且每一块都标上了自身所代表的"劳务价格"，大家很高兴地根据自己将要付出的劳务选择不同价格标签的小蛋糕。

最后剩下的那一块小蛋糕的标签上写有"再去做一个大蛋糕"字样。大家你看我，我看你，"哈哈"地笑了起来。

小贴士

名人名言

世界将永远受到自私自利者的统治。我们不应试图加以阻止。我们应使下等人的自私自利和上等人的自私自利具有稍多一点偶然相同的性质。

——塞缪尔·巴特勒

富爸爸告诉你

市场经济依靠价格竞争机制来实现稀缺资源的有效配置。如果离开价格竞争，那么稀缺资源就只好采用其他的办法来分配。

从2000年开始，法国政府规定：罗浮宫、凡尔赛宫等34家国家博物馆免费开放。在这种情况下，用价格竞争机制来配置稀缺资源的方式无法发挥其应有的作用，因为博物馆的门票不可能采取拍卖的方式，此时对稀缺资源的配置只好采取另一项规则——先来先得。

市场经济的价格机制通常能够解决效率问题，但不一定能够解决公平问题。对于涉及人类自身痛苦、尊严与生命的问题，人类不愿意用市场中的价格机制来解决。这就是为什么输血用的血浆不是通过市场购买的，而是通过志愿捐献而获得的原因，这也是世界各国普遍立法禁止买卖人体器官的原因。如果富人通过手中占有的财富优势在他们看病时不用排队就可以优先看病，这种做法肯定有失社会的公平正义。

对于稀缺资源的分配方法还有很多，你可以运用财商多思考一下。

FQ动动脑

写一写

1. 联系我们本节课所学的"稀缺资源分配"知识，你觉得在目前铁路部门运力有限的条件下，实名制购票能否在春运期间对车票这一稀缺资源进行一定程度上的公平分配？为什么？

_____

_____

2. 针对目前一些银行等机构推出的"VIP"现象，谈谈你对这种现象所引发的稀缺资源分配方式的看法。

_____

_____

FQ超链接

分 粥

由7个人临时组成一个小团体在一间屋子里共同生活一段时间。7个人都是平凡人，而且彼此之间相互平等。虽然每个人都没有凶险祸害之心，但不免有一些自私自利的个人主义思想。

他们想用非暴力的方式，通过制定一些不成文的制度来解决每天的吃饭问题：大家要在没有称量用具和无刻度容器的条件下，公平地分食一锅粥。

大家发挥自身的聪明才智，历经多次博弈之后逐渐形成了日益完善的制度。

他们先后试验了多种方法，大体说来主要有以下几种：

方法1：拟定一个人负责分粥事宜。很快大家就发现，这个人为自己分的粥最多，于是又换了一个人。无论换谁，总是那个主持分粥的人碗里的粥最多。由此不难看出：权力导致腐败。

方法2：大家轮流主持分粥，每人一天。这样等于承认了每个人都有为自己多分粥的机会和权力。虽然表面上看起来平等了，但是每个人在一周中只有一天吃得饱而且有剩余，其余6天都要忍饥挨饿。这种分配方式在一定程度上导致了资源（粥）浪费。

方法3：大家选举一个信得过的人主持分粥。开始这位品德尚属上乘的人还能基本维护大家的公平，但不久之后，他就开始为自己和对其溜须拍马的人多分。大家无法容忍和放任其堕落以及由此带来的风

气败坏，不得不寻找新思路。

方法4：选举一个分粥委员会和一个监督委员会，让两者在各自的权力下实现互相监督和相互制约。在这种分配方式下，公平基本上做到了，可是由于监督委员会对分粥委员会的一些决定经常提出多种议案，分粥委员会又会对监督委员会的议案予以反驳，等分粥完毕时，粥早就凉了。这种方式没能使资源发挥其最佳功效。

方法5：每个人轮流值日分粥，但是分粥的那个人要最后一个领粥。令人惊奇的是，在这一制度

下，7只碗里的粥每次都是一样多，就像是用科学仪器量过一样。每个主持分粥的人都认识到，如果7只碗里的粥不相同，他确定无疑将享有那份最少的。

FQ笔记

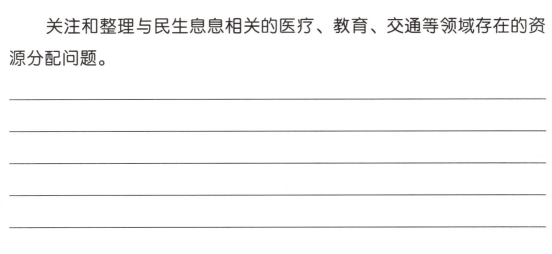

关注和整理与民生息息相关的医疗、教育、交通等领域存在的资源分配问题。

经济学家和教育专家共同打造的
少儿财商教育金钥匙系列

　　本套"金钥匙"财商教育系列以充满智慧的富爸爸、爱思考的阿宝、爱美的美妞、调皮好动的皮喽等卡通形象为主人公，结合国内外财商教育的丰富经验，将知识性、趣味性、实践性融为一体，让孩子们在一册书中能够在观念、知识、实践三个方面得到全方位的锻炼。

 金钥匙·儿童财商系列

第1阶段：走进神奇的财商大门
第2阶段：探究金钱语言ABC
第3阶段：与金钱约会的好习惯
第4阶段：我有一个财富梦想

 金钥匙·青少年财商系列

第1阶段：体验奇妙的经济世界
第2阶段：市场是一只看不见的手
第3阶段：你应该知道的10种创富工具